PANDUAN PENYEDIAAN KOPI

100 RESEPI KOPI BEREMPAH DAN DIBURUNG DI RUMAH

Lew Yon Zao

Hak cipta terpelihara.

Penafian

Maklumat yang terkandung dalam eBook ini bertujuan untuk berfungsi sebagai koleksi strategi yang komprehensif yang telah dilakukan oleh pengarang eBook ini. Ringkasan, strategi, petua dan helah hanyalah cadangan oleh pengarang, dan membaca eBook ini tidak akan menjamin bahawa keputusan seseorang akan betul-betul mencerminkan hasil pengarang. Pengarang eBook telah melakukan segala usaha yang munasabah untuk memberikan maklumat terkini dan tepat untuk pembaca eBook. Pengarang dan rakan-rakannya tidak akan bertanggungjawab atas sebarang kesilapan atau peninggalan yang tidak disengajakan yang mungkin ditemui. Bahan dalam eBook mungkin termasuk maklumat oleh pihak ketiga. Bahan pihak ketiga terdiri daripada pendapat yang dinyatakan oleh pemiliknya. Oleh itu, pengarang eBook tidak memikul tanggungjawab atau liabiliti untuk sebarang bahan atau pendapat pihak ketiga.

EBook adalah hak cipta © 2022 dengan semua hak terpelihara. Adalah menyalahi undang-undang untuk mengedar semula, menyalin atau mencipta karya terbitan daripada eBook ini secara keseluruhan atau sebahagian. Tiada bahagian dalam laporan ini boleh diterbitkan semula atau dihantar semula dalam mana-mana diterbitkan semula atau dihantar semula dalam apa jua bentuk sekalipun tanpa kebenaran bertulis dan ditandatangani daripada pengarang.

ISI KANDUNGAN

ISI KANDUNGAN..4

PENGENALAN..8

KOPI AIS..10

    1. Mochacchino ais..11
    2. Kopi Ais Badam...13
    3. Kopi Kayu Manis Ais...15
    4. Kopi Ais..17
    5. Kafe Ais Au Lait...19
    6. Kopi Ais Berkrim...21
    7. Kopi Berempah Ais...23

KOPI YANG DIINFUS ALKOHOL.......................................26

    8. Kopi Rum...27
    9. Kopi Ireland Kahlua..29
    10. Bailey's Irish Cappuccino.......................................31
    11. Kopi Brandy...33
    12. Kahlua dan sos coklat..35
    13. Liqueur Kopi Buatan Sendiri..................................37
    14. Kopi Brandy Kahlua..39
    15. Espresso Tequila Limau...41
    16. Kopi Brandy Manis...43
    17. Kopi Majlis Makan Malam......................................45
    18. Kopi Maple Manis...47
    19. Impian Dublin...49
    20. Kopi Di Saronno...51
    21. Kopi Baja..53
    22. Kopi Praline..55

23. Liqueur Praline..57
24. Amaretto Cafe'..59
25. Kafe Au Cin..61
26. Cappuccino berduri...63
27. Kopi Gaelik..65
28. Kopi Kanada..67
29. Kopi Jerman..69
30. Kopi Denmark..71
31. Kopi Ireland Shooter Milkshake...........................73
32. Irish Lama yang Baik...75
33. Kopi Ireland Bushmills.......................................77
34. Kopi Ireland yang kuat......................................79
35. Kopi Ireland berkrim...81
36. Kopi Ireland Lama..83
37. Lattetini..85

MOCHA..87

38. Ais Mocha Cappuccino......................................88
39. Kopi Ais Asli..90
40. Kopi Berperisa Mocha.......................................92
41. Mocha Mexico pedas..94
42. Kopi Coklat...96
43. Kopi Mocha Peppermint....................................98
44. Espresso Itali Mocha......................................100
45. Kopi Coklat...102
46. Chocolate Amaretto Coffee..............................104
47. Kopi Pudina Coklat Terapung...........................106
48. Kopi Koko...108
49. Koko Hazelnut Mocha.....................................110
50. Kopi Coklat Pudina...112
51. Kafe Au Lait..114
52. Kopi Itali dengan Coklat..................................116
53. Mocha Semi Sweet...118

KOPI BEREMPAH...120

    54. Kopi Rempah Oren..................................121
    55. Krimer Kopi Berempah............................123
    56. Kopi Berempah Buah Pelaga....................125
    57. Kafe de Ola..127
    58. Kopi Almond Vanila................................129
    59. Jawa Arab..131
    60. Kopi Madu..133
    61. Kafe Vienna Desire................................135
    62. Kopi Berempah Kayu Manis....................137
    63. Espresso Kayu Manis..............................139
    64. Kopi Berempah Mexico..........................141
    65. Kopi Telur Vietnam................................143
    66. Kopi Turki..145
    67. Latte Berempah Labu............................148
    68. Caramel Latte..151

FRAPPUCCINO DAN CAPPUCINO.................154

    69. Frappuccino karamel............................155
    70. Raspberi Frappuccino..........................157
    71. Kopi Susu Kocok....................................159
    72. Mocha Frappe......................................161
    73. Frappuccino Karamel Segera................163
    74. Frappe mangga....................................165
    75. Kafe Cappuccino..................................167
    76. Cappucino Goncang..............................169
    77. Cappucino berkrim................................171
    78. Cappuccino beku..................................173

KOPI BUAH-BUAHAN....................................175

    79. Kopi Raspberi..176
    80. Kopi Krismas..178
    81. Kopi Kelapa Kaya..................................180

- 82. Kopi Pisang Coklat 182
- 83. Kopi Black Forest 184
- 84. Kopi Maraschino 186
- 85. Kopi Almond Coklat 188
- 86. Kopi Soda Pop 190
- 87. Kopi Vienna 192
- 88. Espresso Romano 194

CAMPURAN KOPI 196

- 89. Kafe Au Lait 197
- 90. Cappuccino Oren Segera 199
- 91. Campuran Mocha Gaya Swiss 201
- 92. Kopi Ireland Berkrim Segera 203
- 93. Campuran Kopi Mocha 205
- 94. Kopi Segera Mocha 207
- 95. Campuran Kopi Vienna 209
- 96. Campuran Kopi Cap Malam 211
- 97. Campuran Cappuccino 213
- 98. Cafe Cappuccino Mix 215
- 99. Kafe Louisiana dengan Susu 217
- 100. Kopi Hindia Barat 219

KESIMPULAN 221

PENGENALAN

Mengapa kita sangat menyukai kopi? Nah, selain daripada fakta bahawa ia sangat lazat! Secawan kopi mengukus adalah perkara pertama yang dicapai oleh berjuta-juta orang setiap pagi dan terdapat pelbagai sebab orang ini berbuat demikian setiap hari. Kafein di dalamnya memainkan dua peranan mengapa orang minum kopi. Pertama, kafein dalam kopi membantu menggerakkan darah manusia dan membuatkan mereka berasa bertenaga. Pekerja awal pagi cenderung bergantung pada kopi mereka untuk membantu mereka menjalani hari kerja mereka.

Sebab lain kafein adalah sebab orang minum kopi kerana ia ketagihan. Terdapat banyak bahan kimia dalam kopi yang memberikan sifat ketagihan dan kafein adalah yang utama. Penarikan kafein boleh menyebabkan sakit kepala dan kerengsaan dan ramai orang memilih untuk tidak melepaskan kopi mereka.

Kopi telah menjadi minuman sosial yang hampir sama dengan alkohol. Pagi di kedai kopi tempatan adalah tempat untuk melepak dengan rakan-rakan atau bertemu untuk membincangkan perniagaan. Orang ramai cenderung untuk minum kopi di perhimpunan ini sama ada mereka suka atau tidak yang akhirnya membantu mereka mengembangkan rasa untuknya dan kemudian ia menjadi ketagihan.

Peminum kopi mengatakan mereka minum kopi untuk berehat. Walaupun ini mungkin kelihatan seperti oksimoron memandangkan kopi adalah perangsang, secawan kopi tanpa kafein panas atau, bagi sesetengah orang, kopi biasa pun boleh merehatkan deria dan membantu mereka menenangkan diri dan menenangkan saraf mereka. Penyelidik mengaitkan kesan menenangkan kepada rangsangan deria yang membantu dalam kreativiti dan rangsangan mental yang seterusnya membantu menenangkan sesetengah orang.

KOPI AIS

1. Mochacchino ais

bahan-bahan:
- 1/2 cawan espresso dibancuh, disejukkan
- 6 Sudu Besar Sirap coklat
- 1 Sudu Besar Gula
- 1/2 cawan Susu
- 1 cawan aiskrim vanila atau yogurt beku
- 1/4 cawan krim pekat, disebat lembut

Arah
a) Letakkan espreso, sirap coklat, gula dan susu dalam pengisar, dan kisar untuk menggabungkan.
b) Masukkan aiskrim atau yogurt, dan gaul sehingga rata.
c) Tuangkan adunan ke dalam dua gelas sejuk, dan letakkan setiap satu dengan krim disebat dan keriting coklat atau serbuk kayu manis atau koko.

2. Kopi Ais Badam

bahan-bahan:
- 1 cawan kopi yang dibancuh kuat
- 1 cawan susu skim
- 1/2 sudu teh ekstrak vanila
- 1/2 sudu teh ekstrak badam
- 1 sudu kecil gula
- Kayu manis untuk hiasan
- Topping pencuci mulut

Arah

a) Campurkan 1 cawan kopi yang dibancuh kuat dengan 1 cawan susu skim ekstrak vanila, ekstrak badam dan gula.

b) Tuangkan ke dalam 2 - 10 auns gelas berisi ais

c) Hiaskan dengan kayu manis.

3. Kopi Kayu Manis Ais

bahan-bahan:
- 4 cawan kopi pekat (gunakan 2 hingga 4 sudu teh segera untuk 1 cawan air mendidih
- 1 3" batang kayu manis, dipecah menjadi kepingan kecil
- 1/2 cawan krim kental
- Sirap-sirap kopi mempunyai banyak perisa. Vanila akan melengkapkan kayu manis.

Arah

a) Tuangkan kopi panas ke atas kepingan kayu manis; tutup dan biarkan selama kira-kira 1 jam.
b) Keluarkan kayu manis dan kacau dalam krim. Sejukkan dengan teliti.
c) Untuk menghidang, tuangkan ke dalam gelas berisi ais. Kacau dalam jumlah Sirap Kopi yang dikehendaki.
d) Jika mahu, tambahkan krim putar manis dan taburkan dengan kayu manis yang dikisar. Gunakan batang kayu manis sebagai pengacau.

4. Kopi Ais

bahan-bahan:
- 2 cawan espresso yang dibancuh
- 1/4 cawan Gula
- 1/2 sudu kecil kayu manis tanah

Arah
a) Dalam periuk di atas api sederhana, renehkan semua bahan hanya untuk larut.
b) Letakkan campuran dalam pinggan logam, tutup dan beku selama sekurang-kurangnya 5 jam, kacau campuran beku luar ke tengah setiap setengah jam, sehingga padat tetapi tidak beku padat.
c) Sejurus sebelum dihidangkan, kikis adunan dengan garpu untuk mencerahkan tekstur. Membuat 4 (1/2 cawan) hidangan.

5. Kafe Ais Au Lait

bahan-bahan:
- 2 1/4 Kopi Sejuk Baru Dibancuh
- 2 cawan Susu
- 2 Cawan Ais Hancur
- Gula secukup rasa

Arah
a) Kisar semua bahan dalam pengisar.
b) Masukkan gula dan teruskan gaul hingga berbuih.
c) Tuang atas ais
d) Hidangkan segera.

6. Kopi Ais Berkrim

bahan-bahan:
- 1 cawan Kopi Bancuh Kuat Sejuk
- 2 sudu besar Gula Gula
- 3 cawan ais cincang

Arah

a) Satukan kopi, gula dan ais
b) Kisar sehingga berkrim

7. Kopi Berempah Ais

Membuat 4 cawan

bahan-bahan

- 1/2 cawan kopi kisar kasar
- 4 cawan air suhu bilik
- 1 batang kayu manis
- 1 buah pala keseluruhan, hancurkan
- Susu atau krim, untuk hidangan
- Madu atau gula, untuk hidangan

Arah

a) Kisar kasar kopi. Gunakan palu untuk menghancurkan ringan batang kayu manis dan buah pala keseluruhan.
b) Dalam bekas besar, masukkan kopi dan rempah ratus dan suhu bilik atau sedikit air suam. Kacau bersama dan Biarkan curam selama sekurang-kurangnya 4 jam atau idealnya semalaman.
c) Tapis kopi menggunakan penekan Perancis atau biarkan ia mengalir melalui penapis.

d) Tuangkan kopi ke atas ais dan tambah sedikit pemanis dan/atau krim atau susu jika anda mahu. Ia juga hitam hebat!

KOPI YANG DIINFUS ALKOHOL

8. Kopi Rum

bahan-bahan:
- 12 oz. Kopi kisar segar, sebaik-baiknya pudina coklat, atau coklat Swiss
- 2 oz. Atau lebih 151 Rum
- 1 sudu besar krim putar
- 1 oz. Krim Ireland Baileys
- 2 Sudu Besar Sirap coklat

Arah
a) Kisar kopi segar.
b) bancuh.
c) Dalam mug besar, masukkan 2+ oz. daripada 151 rum di bahagian bawah.
d) Tuangkan kopi panas ke dalam cawan 3/4 bahagian atas.
e) Tambah Bailey's Irish Cream.
f) kacau.
g) Teratas dengan krim putar segar dan gerimis dengan sirap coklat.

9. Kopi Ireland Kahlua

bahan-bahan:
- 2 oz. Kahlua atau minuman keras kopi
- 2 oz. Wiski Ireland
- 4 cawan kopi panas
- 1/4 cawan Krim putar, disebat

Arah

a) Tuangkan satu setengah auns minuman keras kopi dalam setiap cawan. Tambah satu setengah auns Irish Whisky kepada setiap satu

b) cawan. Tuangkan kopi panas yang baru dibancuh kukus, kacau. Sudu dua timbunan

c) sudu besar krim putar di atas setiap satu. Hidangkan panas, tetapi tidak terlalu panas sehingga melecurkan bibir.

10. Bailey's Irish Cappuccino

bahan-bahan:
- 3 oz. Krim Ireland Bailey
- 5 oz. Kopi panas -
- Topping pencuci mulut dalam tin
- 1 biji Pala

Arah

a) Tuangkan Bailey's Irish Cream ke dalam cawan kopi.

b) Isi dengan kopi hitam panas. Teratas dengan satu semburan topping pencuci mulut.

c) Topping pencuci mulut berhabuk dengan sedikit buah pala

11. Kopi Brandy

bahan-bahan:
- 3/4 cawan Kopi Kuat Panas
- 2 auns Brandy
- 1 sudu kecil Gula
- 2 auns Krim Berat

Arah

a) Tuangkan kopi ke dalam cawan tinggi. Masukkan gula dan kacau hingga larut.

b) Masukkan Brandy dan kacau lagi. Tuangkan krim, di atas belakang satu sudu teh sambil memegangnya, sedikit di atas bahagian atas kopi dalam cawan. Ini membolehkan ia terapung.

c) Hidang.

12. Kahlua dan sos coklat

bahan-bahan:
- 6 cawan kopi panas
- 1 cawan sirap coklat
- 1/4 cawan Kahlua
- $\frac{1}{8}$ sudu teh kayu manis dikisar
- Krim putar

Arah

a) Satukan kopi, sirap coklat, Kahlua, dan kayu manis dalam bekas besar; kacau hingga sebati.

b) Hidangkan segera. Teratas dengan krim putar.

13. Liqueur Kopi Buatan Sendiri

bahan-bahan:
- 4 cawan Gula
- 1/2 cawan Kopi segera - gunakan air yang ditapis
- 3 cawan Air
- 1/4 sudu kecil Garam
- 1 1/2 cawan Vodka, kalis tinggi
- 3 Sudu Besar Vanila

Arah

a) Campurkan gula dan air; rebus sehingga gula larut. Kecilkan api hingga mendidih dan reneh selama 1 jam.

b) BIAR SEJUK.

c) Masukkan vodka dan vanila.

14. Kopi Brandy Kahlua

bahan-bahan:
- 1 auns Kahlua
- 1/2 auns Brandy
- 1 cawan Kopi Panas
- Whipped Cream untuk topping

Arah

a) Tambah Kahlua dan brendi ke dalam kopi

b) Hiaskan dengan krim putar

15. Espresso Tequila Limau

bahan-bahan:
- Pukulan dua kali espresso
- 1 pukulan White Tequila
- 1 biji limau nipis segar

Arah
a) Sapukan hirisan kapur di sekeliling tepi gelas espresso.
b) Tuangkan sebiji espresso berganda ke atas ais.
c) Tambah satu pukulan White Tequila
d) Hidang

16. Kopi Brandy Manis

bahan-bahan:
- 1 cawan Kopi Baru Dibancuh
- 1 oz. Kopi Liqueur
- 1 sudu kecil Sirap Coklat
- 1/2 oz. Brandy
- 1 Dash Cinnamon
- Krim Pukul Manis

Arah

a) Satukan minuman keras kopi, brendi, sirap coklat dan kayu manis dalam cawan. Isi dengan kopi yang baru dibancuh.

b) Teratas dengan krim putar.

17. Kopi Majlis Makan Malam

bahan-bahan:
- 3 cawan Kopi tanpa kafein yang sangat panas
- 2 Sudu Besar Gula
- 1/4 cawan Rum terang atau gelap

Arah
a) Satukan kopi, gula dan rum yang sangat panas dalam periuk yang dipanaskan.
b) Berganda mengikut keperluan.

18. Kopi Maple Manis

bahan-bahan:
- 1 cawan Setengah setengah
- 1/4 cawan sirap maple
- 1 cawan kopi yang dibancuh panas
- Krim putar manis

Arah

a) Masak separuh setengah dan sirap maple dalam periuk dengan api sederhana. Kacau sentiasa, sehingga betul-betul dipanaskan. Jangan biarkan adunan mendidih.

b) Kacau dalam kopi, dan hidangkan dengan krim putar manis.

19. Impian Dublin

bahan-bahan:

- 1 sudu besarKopi segera
- 1 1/2 Sudu Besar Coklat panas segera
- 1/2 oz. minuman keras krim Ireland
- 3/4 cawan air mendidih
- 1/4 cawan Krim putar

Arah

a) Dalam gelas kopi Ireland, letakkan semua bahan kecuali krim putar.
b) Kacau sehingga sebati, dan hiaskan dengan krim putar.

20. Kopi Di Saronno

bahan-bahan:
- 1 oz. Di saronno amaretto
- 8 oz. Kopi
- Krim putar

Arah

a) Campurkan Di Saronno Amaretto dengan kopi, kemudian atasnya dengan krim putar.

b) Hidangkan dalam cawan kopi Ireland.

21. Kopi Baja

bahan-bahan:
- 8 cawan air panas
- 3 Sudu Besar Butiran kopi segera
- 1/2 cawan kopi minuman keras
- 1/4 cawan minuman keras Crème de Cacao
- 3/4 cawan Krim putar
- 2 Sudu Besar Coklat separuh manis, parut

Arah

a) Dalam periuk perlahan, satukan air panas, kopi dan minuman keras.
b) Tutup dan panaskan pada LOW 2-4 jam. Sendukkan ke dalam cawan atau gelas kalis haba.
c) Teratas dengan krim putar dan coklat parut.

22. Kopi Praline

bahan-bahan:
- 3 cawan kopi yang dibancuh panas
- 3/4 cawan Setengah setengah
- 3/4 cawan Gula perang yang dibungkus padat
- 2 Sudu Besar Mentega atau marjerin
- 3/4 cawan minuman keras Praline
- Krim putar manis

Arah

a) Masak 4 bahan pertama dalam periuk besar dengan api sederhana, kacau sentiasa, sehingga betul-betul panas, jangan mendidih.

b) Kacau dalam minuman keras; hidangkan bersama krim putar manis.

23. Liqueur Praline

bahan-bahan:
- 2 cawan Gula Perang Gelap-dibungkus padat
- 1 cawan Gula Putih
- 2 1/2 cawan Air
- 4 cawan Kepingan Pecan
- 4 Biji Vanila dibelah memanjang
- 4 cawan Vodka

Arah

a) Satukan gula merah, gula putih dan air dalam periuk dengan api sederhana, sehingga adunan mula mendidih. Kecilkan api dan reneh 5 minit.

b) Letakkan kacang vanila dan pecan ke dalam balang kaca besar (kerana ini menghasilkan 4 1/2 cawan Tuangkan campuran panas ke dalam balang dan biarkan sejuk. Tambah vodka

c) Tutup rapat dan simpan di tempat yang gelap. Balikkan balang setiap hari selama 2 minggu berikutnya untuk memastikan semua bahan digabungkan. Selepas 2 minggu, tapis campuran, buang pepejal.

24. Amaretto Cafe'

bahan-bahan:
- 1 1/2 cawan Air Suam
- 1/3 cawan Amaretto
- 1 Sudu Besar Kopi Segera Kristal
- Topping krim putar

Arah

a) Kacau air dan hablur kopi segera dalam hidangan boleh microwave.

b) Ketuhar gelombang mikro tidak bertutup, pada kuasa 100% selama kira-kira 3 minit atau hanya sehingga mengukus panas.

c) Masukkan Amaretto. Hidangkan dalam cawan kaca jernih. Hiaskan setiap cawan campuran kopi dengan beberapa topping pencuci mulut.

25. Kafe Au Cin

bahan-bahan:
- 1 cawan kopi panggang Perancis Cold Strong
- 2 Sudu Besar Gula pasir
- dash Kayu Manis
- 2 oz. Pelabuhan berwarna kuning kecoklatan
- 1/2 sudu kecil kulit oren parut

Arah

a) Satukan dan gaul dalam pengisar pada kelajuan tinggi.

b) Tuangkan ke dalam gelas wain sejuk.

26. Cappuccino berduri

bahan-bahan:
- 1/2 cawan Setengah setengah
- 1/2 cawan Espresso yang baru dibancuh
- 2 Sudu Besar Brandy
- 2 Sudu Besar Rum putih
- 2 Sudu Besar Crème de cacao gelap
- gula

Arah

a) Pukul separuh setengah dalam periuk kecil di atas api yang tinggi sehingga ia menjadi berbuih, kira-kira 3 minit.
b) Bahagikan kopi espresso antara 2 cawan. Tambah separuh daripada brendi dan separuh daripada crème de cacao pada setiap cawan.
c) Pukul semula setengah setengah dan tuangkan ke dalam cawan.
d) Gula adalah pilihan

27. Kopi Gaelik

bahan-bahan:
- Kopi hitam; baru dibuat
- wiski Scotch
- Gula merah mentah
- Krim putar sebenar; dipukul sehingga pekat sedikit

Arah

a) Tuangkan kopi ke dalam gelas yang telah dipanaskan.
b) Masukkan wiski dan gula perang secukup rasa. Kacau hingga sebati.
c) Tuangkan sedikit krim disebat ringan ke dalam gelas di atas belakang satu sudu teh yang berada tepat di atas bahagian atas cecair dalam cawan.
d) Ia sepatutnya terapung sedikit.

28. Kopi Kanada

bahan-bahan:
- 1/4 cawan sirap maple; tulen
- 1/2 cawan wiski rai
- 3 cawan kopi; panas, hitam, kekuatan berganda

Topping:
- 3/4 cawan krim putar
- 4 sudu kecil sirap Maple Tulen

Arah
a) Topping-Pukul 3/4 cawan krim putar dengan 4 sudu kecil sirap Maple sehingga ia membentuk timbunan lembut.
b) Bahagikan sirap maple dan wiski antara 4 cawan kaca kalis haba pra-panas.
c) Tuangkan kopi hingga 1 inci dari atas.
d) Sudu topping atas kopi.
e) Hidang

29. Kopi Jerman

bahan-bahan:
- 1/2-auns brendi ceri
- 5 auns kopi hitam segar
- 1 sudu teh gula krim putar
- Ceri Maraschino

Arah

a) Tuangkan kopi dan brendi Cherry ke dalam cawan kopi, dan tambah gula untuk memaniskan.

b) Teratas dengan krim putar dan ceri maraschino.

30. Kopi Denmark

bahan-bahan:
- 8 c Kopi panas
- 1 c Rum gelap
- 3/4 c Gula
- 2 batang kayu manis
- 12 ulas (seluruh)

Arah

a) Dalam periuk berat yang sangat besar, satukan semua bahan, tutup dan simpan dengan api perlahan selama kira-kira 2 jam.

b) Hidangkan dalam cawan kopi.

31. Kopi Ireland Shooter Milkshake

bahan-bahan:
- 1/2 cawan susu skim
- 1/2 cawan yogurt rendah lemak biasa
- 2 sudu kecil Gula
- 1 sudu kecil serbuk kopi segera
- 1 sudu teh wiski Ireland

Arah
a) Masukkan semua bahan ke dalam pengisar pada kelajuan rendah.
b) Kisar sehingga anda dapat melihat bahawa bahan-bahan anda digabungkan antara satu sama lain.
c) Gunakan gelas goncang tinggi untuk pembentangan.

32. Irish Lama yang Baik

bahan-bahan:
- 1.5 auns Irish Cream Liqueur
- 1.5 auns Wiski Ireland
- 1 cawan kopi dibancuh panas
- 1 Sudu besar krim putar
- 1 biji buah pala

Arah
a) Dalam cawan kopi, gabungkan krim Ireland dan Wiski Ireland.
b) Isi mug dengan kopi. Teratas dengan sebiji krim putar.
c) Hiaskan dengan taburan Buah Pala.

33. Kopi Ireland Bushmills

bahan-bahan:
- 1 1/2 auns wiski Ireland Bushmills
- 1 sudu kecil gula perang (pilihan)
- 1 sengkang Crème de menthe, hijau
- Kopi segar Extra Strong
- Krim putar

Arah

a) Tuangkan wiski ke dalam cawan kopi Ireland dan isi hingga 1/2 inci dari atas dengan kopi. Masukkan gula secukup rasa dan gaul. Teratas dengan krim putar dan gerimis crème de menthe di atasnya.

b) Celupkan tepi cawan ke dalam gula hingga menutupi tepi.

34. Kopi Ireland yang kuat

bahan-bahan:
- 1 cawan Kopi pekat
- 1 1/2 oz. wiski Ireland
- 1 sudu kecil Gula
- 1 Sudu Besar Krim putar

Arah

a) Campurkan kopi, gula dan wiski dalam cawan boleh microwave yang besar.
b) Ketuhar gelombang mikro pada suhu tinggi 1 hingga 2 min. Teratas dengan krim putar
c) Berhati-hati semasa minum, mungkin perlu seketika untuk menyejukkan.

35. Kopi Ireland berkrim

bahan-bahan:
- 1/3 cawan Irish Cream Liqueur
- 1 1/2 cawan Kopi Baru Dibancuh
- 1/4 cawan Krim Berat, sedikit manis dan disebat

Arah
a) Bahagikan minuman keras dan kopi antara 2 cawan.
b) Teratas dengan krim putar.
c) Hidang.

36. Kopi Ireland Lama

bahan-bahan:
- 3/4 cawan Air Suam
- 2 Sudu Besar Wiski Ireland
- Topping Pencuci Mulut
- 1 1/2 sudu Kopi Segera Kristal
- Gula Perang Secukup Rasa

Arah

a) Campurkan air dan kristal kopi segera. Ketuhar gelombang mikro, tidak bertutup, hidup

b) 100% kuasa kira-kira 1 1/2 minit atau hanya sehingga mengukus panas. Kacau dalam wiski Ireland dan gula perang.

37. Lattetini

bahan-bahan:
- 1 bahagian Liqueur Krim
- $1\frac{1}{2}$ bahagian Vodka

Arah
a) Goncang dengan ais dan tapis ke dalam gelas Martini.
b) Nikmati

MOCHA

38. Ais Mocha Cappuccino

bahan-bahan:
- 1 Sudu Besar Sirap coklat
- 1 cawan Espresso berganda panas atau kopi yang sangat pekat
- 1/4 cawan Setengah setengah
- 4 kiub ais

Arah

a) Kacau sirap coklat ke dalam kopi panas sehingga cair. Dalam pengisar, gabungkan kopi dengan separuh setengah dan ketulan ais.

b) Kisar pada kelajuan tinggi selama 2 hingga 3 minit.

c) Hidangkan segera dalam gelas yang tinggi dan sejuk.

39. Kopi Ais Asli

bahan-bahan:
- 1/4 cawan Kopi; segera, biasa atau tanpa kafein
- 1/4 cawan Gula
- 1 liter atau liter Susu sejuk

Arah

a) Larutkan kopi segera dan gula dalam air panas. Kacau dalam 1 liter atau liter susu sejuk dan tambah ais. Untuk perisa mocha, gunakan susu coklat dan masukkan gula secukup rasa.

b) Larutkan 1 Sudu Besarkopi segera and 2 sudu kecil gula dalam 1 Sudu besar air panas.

c) Masukkan 1 cawan susu sejuk dan kacau.

d) Anda boleh memaniskan dengan pemanis rendah kalori dan bukannya gula

40. Kopi Berperisa Mocha

bahan-bahan:
- 1/4 cawan krimer bukan tenusu kering
- 1/3 cawan Gula
- 1/4 cawan kopi segera kering
- 2 Sudu besar koko

Arah

a) Masukkan semua bahan dalam mixer, pukul sebati hingga sebati. Bancuh 1 1/2 Sudu Besar sudu dengan secawan air panas.

b) Simpan dalam balang kedap udara. Seperti balang pengetinan.

41. Mocha Mexico pedas

bahan-bahan:
- 6 Auns Kopi Kuat
- 2 Sudu Besar Gula Serbuk
- 1 Sudu Besar Serbuk coklat kisar tanpa gula
- 1/4 sudu kecil Kayu Manis Cassia Vietnam
- 1/4 sudu teh Jamaican Allspice
- 1/8 sudu kecil Lada Cayenne
- 1-3 Sudu Besar Krim Berat atau separuh setengah

Arah

a) Dalam mangkuk kecil, campurkan semua bahan kering bersama-sama.
b) Tuangkan kopi dalam mug besar, kacau dalam adunan koko, sehingga rata.
c) Kemudian masukkan krim secukup rasa.

42. Kopi Coklat

bahan-bahan:
- 2 Sudu Besar Kopi segera
- 1/4 cawan Gula
- 1 sudu garam
- 1 oz. Coklat tanpa gula segi empat sama
- 1 cawan Air
- 3 cawan Susu
- Krim putar

Arah

a) Dalam periuk gabungkan kopi, gula, garam, coklat, dan air; kacau atas api perlahan sehingga coklat cair. Rebus 4 minit, kacau sentiasa.

b) Masukkan susu secara beransur-ansur, kacau sentiasa sehingga panas.

c) Apabila paip panas, keluarkan dari api dan pukul dengan rotary beater sehingga adunan berbuih.

d) Tuangkan ke dalam cawan dan belayar sebiji krim putar pada permukaan setiap satu.

43. Kopi Mocha Peppermint

bahan-bahan:
- 6 cawan Kopi Baru Dibancuh
- 1 1/2 cawan Susu
- 4 auns Coklat Semi-Sweet
- 1 sudu kecil Ekstrak Pudina
- 8 Batang Pudina

Arah

a) Letakkan kopi, susu, coklat dalam periuk besar dengan api perlahan selama 5-7 minit atau sehingga coklat cair, campuran dipanaskan, kacau sekali-sekala.
b) Masukkan ekstrak pudina
c) Tuang ke dalam mug
d) Hiaskan dengan batang pudina

44. Espresso Itali Mocha

bahan-bahan:
- 1 cawan Kopi Segera
- 1 cawan Gula
- 4 1/2 cawan Susu Kering Tanpa Lemak
- 1/2 cawan koko

Arah
a) Kacau semua bahan.
b) Proses dalam pengisar sehingga serbuk.
c) Gunakan 2 Sudu Besar untuk satu cawan kecil air panas.
d) Hidangkan dalam cawan espresso
e) Membuat kira-kira 7 cawan campuran
f) Simpan dalam balang bertutup yang ketat.
g) Balang pengetinan berfungsi dengan baik untuk penyimpanan kopi.

45. Kopi Coklat

bahan-bahan:
- 1/4 cawan Espresso segera
- 1/4 cawan koko segera
- 2 cawan air mendidih-sebaik-baiknya gunakan air yang telah ditapis
- Krim putar
- Kulit oren atau kayu manis yang dikisar halus

Arah

a) Satukan kopi dan koko. Masukkan air mendidih dan kacau hingga larut. Tuang ke dalam cawan demitasse. Hiaskan setiap hidangan dengan krim putar, kulit oren yang dicincang dan sedikit kayu manis.

46. Chocolate Amaretto Coffee

bahan-bahan:
- Biji kopi Amaretto
- 1 Sudu Besar Ekstrak Vanila
- 1 sudu kecil ekstrak badam
- 1 sudu kecil serbuk koko
- 1 sudu kecil Gula
- Whipped Cream untuk Hiasan

Arah

a) Bancuh kopi.
b) Masukkan Vanila dan Ekstrak Badam1 sudu kecil koko dan 1 sudu kecil gula setiap cawan.
c) Hiaskan dengan krim putar

47. Kopi Pudina Coklat Terapung

bahan-bahan:
- 1/2 cawan Kopi Panas
- 2 Sudu Besar Crème de Cacao Liqueur
- 1 Scoop Ais Krim Coklat Pudina

Arah
a) Untuk setiap hidangan gabungkan 1/2 cawan kopi dan 2 Sudu Besar
b) s daripada minuman keras itu.
c) Teratas dengan satu sudu aiskrim.

48. Kopi Koko

bahan-bahan:
- 1/4 cawan Serbuk Krimer Bukan Tenusu
- 1/3 cawan Gula
- 1/4 cawan Kopi Segera Kering
- 2 Sudu Besar Koko

Arah
a) Masukkan semua bahan ke dalam pengisar, blend atas tinggi hingga sebati.
b) Simpan dalam balang pengetinan kedap udara.
c) Bancuh 1 1/2 Sudu Besar dengan 3/4 cawan air panas

49. Koko Hazelnut Mocha

bahan-bahan:
- 3/4 oz. Kahlua
- 1/2 csehingga Kopi Hazelnut Panas
- 1 sudu kecil Nestle Quick
- 2 Sudu Besar Setengah dan Setengah

Arah
a) Satukan semua bahan dalam cu kegemaran anda.
b) kacau

50. Kopi Coklat Pudina

bahan-bahan:
- 1/3 cawan Kopi Kisar
- 1 sudu kecil Ekstrak Coklat
- 1/2 sudu kecil Ekstrak Pudina
- 1/4 sudu kecil Ekstrak Vanila

Arah
a) Letakkan kopi dalam pengisar.
b) Dalam cawan gabungkan ekstrak, tambahkan ekstrak pada kopi.
c) Proses sehingga bercampur, hanya beberapa saat.
d) Simpan dalam peti sejuk

51. Kafe Au Lait

bahan-bahan:
- 2 cawan Susu
- 1/2 cawan krim kental
- 6 cawankopi Louisiana

Arah

a) Campurkan susu dan krim dalam periuk; masak sehingga mendidih (buih akan terbentuk di sekeliling tepi kuali), kemudian keluarkan dari api.

b) Tuangkan sedikit kopi dalam setiap cawan kopi.

c) Tuangkan baki kopi dan campuran susu panas bersama sehingga cawan kira-kira 3/4 penuh.

d) Susu skim boleh digantikan dengan susu penuh dan krim.

52. Kopi Itali dengan Coklat

bahan-bahan:
- 2 cawan Kopi Kuat Panas
- 2 cawan Koko Tradisional Panas - cuba jenama Hershey
- Krim putar
- Kulit Oren Parut

Arah

a) Satukan 1/2 cawan kopi dan 1/2 cawan koko dalam setiap 4 cawan.

b) Teratas dengan krim disebat; taburkan kulit oren parut.

53. Mocha Semi Sweet

bahan-bahan:
- 4 oz. Coklat Separa Manis
- 1 Sudu Besar Gula
- 1/4 cawan Whipping Cream
- 4 cawan Kopi Kuat Panas
- Krim putar
- Kulit Oren Parut

Arah

a) Cairkan coklat dalam periuk berat dengan api perlahan.
b) Masukkan gula dan krim putar.
c) Pukul dalam kopi menggunakan pemukul, 1/2 cawan pada satu masa; teruskan sehingga berbuih.
d) Teratas dengan krim putar dan taburkan kulit oren parut.

KOPI BEREMPAH

54. Kopi Rempah Oren

bahan-bahan:
- 1/4 cawan kopi kisar
- 1 Sudu Besar Kulit oren parut
- 1/2 sudu kecil ekstrak vanila
- 1 1/2 batang kayu manis

Arah
a) Letakkan kopi dan kulit oren dalam pengisar atau pemproses makanan.
b) Hentikan pemproses cukup lama untuk menambah vanila.
c) Proses 10 saat lagi.
d) Letakkan campuran dalam periuk kaca dengan batang kayu manis dan sejukkan.

55. Krimer Kopi Berempah

bahan-bahan:
- 2 cawan Nestlé cepat
- 2 cawan krimer kopi serbuk
- 1/2 cawan gula tepung
- 3/4 sudu kecil Kayu Manis
- 3/4 sudu teh Buah Pala

Arah

a) Campurkan semua bahan dan simpan dalam balang kedap udara.

b) Campurkan 4 sudu teh dengan satu cawan air panas

56. Kopi Berempah Buah Pelaga

bahan-bahan:
- 3/4 cawan Kopi Kisar
- 2 2/3 cawan Air
- Buah pelaga tanah
- 1/2 cawan susu pekat manis

Arah

a) Bancuh kopi dalam gaya titisan atau pembuat kopi percolator.
b) Tuangkan ke dalam 4 cawan.
c) Pada setiap hidangan tambahkan secubit buah pelaga dan 2 sudu besar susu pekat.
d) kacau
e) Hidang

57. Kafe de Ola

bahan-bahan:
- 8 cawan Air Yang Ditapis
- 2 Batang Kayu Manis kecil
- 3 biji cengkih utuh
- 4 auns Gula Perang Gelap
- 1 Persegi Coklat Semisweet atau Coklat Mexico
- 4 auns Kopi Kisar

Arah
a) Didihkan air.
b) Masukkan kayu manis, bunga cengkih, gula dan coklat.
c) Didihkan sekali lagi, keluarkan sebarang buih.
d) Kecilkan api dan JANGAN BIARKAN MENDIDIH
e) Masukkan kopi dan biarkan meresap selama 5 minit.

58. Kopi Almond Vanila

bahan-bahan:
- 1/3 cawan Kopi kisar
- 1 sudu kecil Ekstrak Vanila
- 1/2 sudu teh Ekstrak Badam
- 1/4 sudu kecil Biji Anise

Arah

a) Letakkan kopi dalam pengisar
b) Satukan baki bahan dalam cawan yang berasingan
c) Masukkan ekstrak dan biji ke dalam kopi dalam pengisar
d) Proses sehingga sebati
e) Gunakan campuran seperti biasa semasa membancuh kopi
f) Membuat hidangan 8-6 auns
g) Simpan bahagian yang tidak digunakan di dalam peti sejuk

59. Jawa Arab

bahan-bahan:
- 1 pain Air yang Ditapis
- 3 Sudu besar kopi
- 3 Sudu Besar Gula
- 1/4 sudu kecil Kayu Manis
- 1/4 sudu kecil buah pelaga
- 1 sudu kecil Vanila atau Gula Vanila

Arah

a) Campurkan semua bahan ke dalam periuk dan panaskan sehingga buih berkumpul di atas.
b) Jangan melalui penapis.
c) Kacau sebelum dihidangkan

60. Kopi Madu

bahan-bahan:
- 2 cawan Kopi Segar
- 1/2 cawan Susu
- 4 Sudu Besar Madu
- 1/8 sudu kecil Kayu Manis
- Buah Pala atau Allspice
- Titiskan atau 2 Ekstrak Vanila

Arah

a) Panaskan bahan dalam periuk, tetapi jangan sampai mendidih.
b) Kacau rata untuk menggabungkan bahan.
c) Kopi pencuci mulut yang lazat.

61. Kafe Vienna Desire

bahan-bahan:
- 1/2 cawan kopi segera
- 2/3 cawan Gula
- 2/3 cawan susu berkuasa tanpa lemak
- 1/2 sudu kecil Kayu Manis
- 1 secubit Cengkih -sesuaikan dengan selera
- 1 secubit Allspice-sesuaikan dengan rasa
- 1 secubit Pala-sesuaikan dengan rasa

Arah

a) Campurkan semua bahan

b) Gunakan pengisar untuk mengadun menjadi serbuk yang sangat halus. Gunakan 1 sudu besar setiap cawan air panas yang ditapis.

62. Kopi Berempah Kayu Manis

bahan-bahan:
- 1/3 cawan kopi segera
- 3 Sudu Besar Gula
- 8 biji cengkih keseluruhan
- 3 inci batang kayu manis
- 3 cawan Air
- Krim putar
- Serbuk kayu manis

Arah

a) Satukan 1/3 cawan kopi segera, 3 sudu besar gula, bunga cengkih, kayu manis dan air.

b) Tutup, biarkan mendidih. Keluarkan dari haba dan biarkan berdiri, tertutup, kira-kira 5 minit untuk curam.

c) Terikan. Tuangkan ke dalam cawan dan atas setiap satu dengan sudu krim putar. Tambah sedikit kayu manis.

63. Espresso Kayu Manis

bahan-bahan:
- 1 cawan air sejuk
- 2 Sudu Besar Kopi espresso yang dikisar
- 1/2 batang kayu manis (3" panjang)
- 4tsp Crème de Cacao
- 2 sudu kecil Brandy
- 2 Sudu Besar Krim putar, coklat parut separuh manis sejuk untuk hiasan

Arah

a) gunamesin espresso anda untuk tkopinya atau benar-benar kuat dengan sedikit air yang ditapis.
b) Pecahkan batang kayu manis kepada kepingan kecil dan masukkan ke dalam espresso panas.
c) Biarkan sejuk 1 minit.
d) Masukkan crème de cacao dan brendi, dan kacau perlahan-lahan. Tuangkan ke dalam demitasse
e) Cawan. Pukul krim, dan apungkan sedikit krim di atas setiap cawan. Hiaskan dengan Coklat parut atau keriting coklat.

64. Kopi Berempah Mexico

bahan-bahan:
- 3/4 cawan gula perang, dibungkus padat
- 6 biji cengkih
- 6 Julienne hirisan kulit oren
- 3 batang kayu manis
- 6 Sudu Besarsp. Kopi yang dibancuh sebenar

Arah

a) Dalam periuk besar, panaskan 6 cawan air bersama gula perang, batang kayu manis dan bunga cengkih di atas api yang sederhana tinggi sehingga adunan panas, tetapi jangan biarkan ia mendidih. Masukkan kopi, biarkan campuran mendidih, kacau sekali-sekala, selama 3 minit.

b) Tapis kopi melalui ayak halus dan hidangkan dalam cawan kopi dengan kulit oren.

65. Kopi Telur Vietnam

bahan-bahan:
- 1 biji telur
- 3 sudu tehSerbuk kopi Vietnam
- 2 sudu teh susu pekat manis
- Air mendidih

Arah

a) Bancuh sedikit cdaripada kopi Vietnam.

b) Pecahkan telur dan buang putihnya.

c) Masukkan kuning telur dan susu pekat manis ke dalam mangkuk kecil dan dalam dan pukul dengan kuat sehingga anda mendapat campuran berbuih dan gebu seperti di atas.

d) Masukkan satu sudu besar kopi yang dibancuh dan pukul.

e) Dalam cawan kopi jernih tuangkan kopi yang dibancuh anda, dan kemudian masukkan adunan telur gebu di atas.

66. Kopi Turki

bahan-bahan:
- 3/4 cawan Air
- 1 Sudu Besar Gula
- 1 Sudu Besar Kopi Ditumbuk
- 1 Buah Pelaga

Arah

a) Didihkan air dan gula.
b) Keluarkan dari haba-tambah kopi dan buah pelaga
c) Kacau rata dan kembali panas.
d) Apabila kopi berbuih, keluarkan dari haba dan biarkan serbuk mengendap.
e) Ulang dua kali lagi. Tuang ke dalam cawan.
f) Abuk kopi hendaklah mendap sebelum diminum.
g) Anda boleh menghidangkan kopi dengan buah pelaga dalam cawan-pilihan anda

Petua Kopi Turki

h) Mesti sentiasa dihidangkan dengan buih di atas
i) Anda boleh meminta kopi anda dikisar untuk Kopi Turki-ia adalah konsistensi serbuk.

j) Jangan kacau selepas dituang ke dalam cawan kerana buih akan runtuh
k) Sentiasa gunakan air sejuk semasa menyediakan
l) Krim atau susu tidak pernah ditambah kepada Kopi Turki; namun, gula adalah pilihan

67. Latte Berempah Labu

bahan-bahan:
- 2 sudu besar labu dalam tin
- 1/2 sudu teh rempah pai labu, ditambah lagi untuk hiasan
- Lada hitam yang baru dikisar
- 2 sudu besar gula
- 2 sudu besar ekstrak vanila tulen
- 2 cawan susu penuh
- 1 hingga 2 tangkapan espresso, kira-kira 1/4 cawan
- 1/4 cawan krim kental, disebat sehingga bentuk puncak padat

Arah

a) Panaskan labu dan rempah: Dalam periuk kecil di atas api sederhana masak labu dengan rempah pai labu dan sedikit lada hitam selama 2 minit atau sehingga ia panas dan berbau masak. Kacau sentiasa.

b) Masukkan gula dan kacau sehingga adunan kelihatan seperti sirap pekat berbuih.

c) Pukul susu dan ekstrak vanila. Panaskan perlahan-lahan di atas api sederhana, perhatikan dengan teliti untuk memastikan ia tidak mendidih.

d) Berhati-hati memproses campuran susu dengan pengisar tangan atau dalam pengisar tradisional (pegang penutupnya dengan ketat dengan gumpalan tuala tebal!) sehingga berbuih dan sebati.

e) Campurkan minuman: Buat espresso atau kopi dan bahagikan antara dua cawan dan tambah susu berbuih.

f) Teratas dengan krim putar dan taburan rempah pai labu, kayu manis atau buah pala jika dikehendaki.

68. Caramel Latte

bahan-bahan:
- 2 auns espresso
- 10 auns susu
- 2 sudu besar sos karamel buatan sendiri ditambah lagi untuk renyai-renyai
- 1 sudu besar gula (pilihan)

Arah

a) Tuangkan espresso ke dalam mug.
b) Letakkan susu dalam balang kaca atau kaca lebar dan microwave selama 30 saat sehingga ia sangat panas tetapi tidak mendidih.
c) Sebagai alternatif, panaskan susu dalam periuk dengan api sederhana selama kira-kira 5 minit sehingga sangat panas tetapi tidak mendidih, perhatikan dengan teliti.
d) Masukkan sos karamel dan gula (jika guna) ke dalam susu panas dan kacau sehingga larut.
e) Menggunakan pembuih susu, buih susu sehingga anda tidak melihat sebarang buih dan anda mempunyai buih tebal, 20 hingga 30 saat. Putar kaca dan ketuk perlahan pada kaunter berulang kali untuk mengeluarkan buih yang lebih besar. Ulangi langkah ini mengikut keperluan.

f) Menggunakan sudu untuk menahan buih, tuangkan susu ke dalam espresso. Sudukan buih yang tinggal di atas.

FRAPPUCCINO DAN CAPPUCINO

69. Frappuccino karamel

bahan-bahan:
- 1/2 cawan kopi sejuk
- 3 Sudu besar gula
- 1/2 cawan susu
- 2 cawan ais
- Whipped Cream-gunakan jenis tin yang boleh anda pancutkan di atasnya
- 3 sudu besar sos sundae karamel

Arah
a) Satukan semua bahan dalam pengisar
b) Blend minuman sehingga ais hancur dan minuman sebati
c) Hidangkan dalam cawan kopi sejuk dengan krim putar dan sos karamel disiram di atasnya.

70. Raspberi Frappuccino

bahan-bahan:
- 2 cawan ais kiub hancur
- 1 1/4 cawan-kopi yang dibancuh lebih kuat
- 1/2 cawan susu
- 2 Sudu besar sirap vanila atau raspberi
- 3 Sudu besar sirap coklat
- Krim putar

Arah
a) Satukan kiub ais, kopi, susu dan sirap dalam pengisar.
b) Kisar sehingga sebati.
c) Tuangkan ke dalam cawan hidangan tinggi yang sejuk atau gelas air pancut soda.
d) Teratas dengan krim putar, siram coklat dan sirap raspberi di atasnya.
e) Tambah ceri maraschino jika mahu

71. Kopi Susu Kocok

bahan-bahan:
- 2 cawan Susu
- 2 Sudu Besar Gula
- 2 sudu kecil kopi segera
- 3 Sudu Besar Aiskrim Vanila
- Kopi pekat yang sejuk

Arah

a) Masukkan semua bahan dalam pengisar mengikut susunan yang diberikan dan gaul pada kelajuan tinggi sehingga sebati.

b) Hidangkan dalam gelas air pancut soda.

72. Mocha Frappe

bahan-bahan:
- 18 kiub ais (sehingga 22)
- 7 oz. Kopi kekuatan ganda, sejuk
- 1/2 cawan sos coklat (atau sirap)
- 2 Sudu Besar Sirap Vanila
- Krim putar

Arah

a) Gunakan pengisar.

b) Letakkan ais, kopi, sos coklat dan sirap dalam pengisar. Kisar hingga sebati. Tuangkan ke dalam gelas air pancut soda yang besar, tinggi, sejuk.

c) Hiaskan dengan sebiji krim putar atau senduk ais krim.

73. Frappuccino Karamel Segera

bahan-bahan:
- 1/3 gelas ais
- 1/3 gelas susu
- 1 Sudu besar kopi segera
- 2 Sudu besar sirap karamel

Arah

a) Campurkan semua bahan bersama dalam pengisar sehingga ais hancur dan susu berbuih.

b) Hidangkan segera.

74. Frappe mangga

bahan-bahan:
- 1 1/2 cawan Mangga, potong
- 4-6 Kiub Ais
- 1 cawan susu
- 1 Sudu Besar Jus Lemon
- 2 sudu besar gula
- 1/4 sudu kecil Ekstrak Vanila

Arah
a) Masukkan Mangga yang telah dipotong ke dalam peti sejuk selama 30 minit
b) Satukan Mangga, susu, gula, jus lemon dan vanila dalam pengisar. Kisar hingga sebati.
c) Masukkan kiub ais dan proses sehingga kiub licin juga.
d) Hidangkan segera.

75. Kafe Cappuccino

bahan-bahan:
- 1/2 cawan Kopi Segera
- 3/4 cawan Gula
- 1 cawan Susu Kering Tanpa Lemak
- 1/2 sudu kecil Kulit Oren Kering

Arah

a) Hancurkan kulit oren kering dalam mortar dan alu

b) Gunakan 2 sudu besar untuk setiap cawan air panas

76. Cappucino Goncang

bahan-bahan:
- 1 cawan Susu Skim
- 1 1/2 sudu teh Kopi Segera
- 2 paket pemanis tiruan
- 1/4 auns Brandy atau Perisa Rum
- 1 biji Kayu Manis

Arah

a) Dalam pengisar, gabungkan susu, kopi, pemanis dan ekstrak Brandy atau rum.
b) Kisar sehingga kopi larut.
c) Hidangkan dengan sedikit kayu manis.
d) Untuk minuman panas, panaskan di atas ketuhar gelombang mikro.

77. Cappucino berkrim

bahan-bahan:
- 1/4 cawan Espresso Segera atau Kopi Panggang Gelap Segera
- 2 cawan Air Mendidih
- 1/2 cawan Krim Berat, disebat
- Kayu manis, Pala atau Kulit Oren yang dicincang halus
- gula

Arah

a) Larutkan kopi dalam air mendidih, Tuangkan ke dalam cawan kecil yang tinggi.
b) Pengisian hanya separuh jalan.
Tambahkan sengkang:
a) Kayu manis, Pala atau Kulit Oren yang dicincang halus
b) Lipat krim ke dalam kopi.

78. Cappuccino beku

bahan-bahan:
- 2 sudu Vanilla Frozen Yogurt-Divided
- 1/2 cawan Susu
- 1 Sudu Besar Serbuk Coklat Hershey
- 1 1/2 sudu kecil Butiran Kopi Segera

Arah
a) Letakkan 1 sudu yogurt beku, susu, serbuk coklat dan butiran kopi dalam pemproses makanan atau pengisar.
b) Proses 30 saat atau sehingga licin.
c) Tuangkan ke dalam gelas air pancut soda tinggi.
d) Teratas dengan baki scoop yogurt.

KOPI BUAH-BUAHAN

79. Kopi Raspberi

bahan-bahan:
- 1/4 cawan Gula Perang
- Ampas kopi untuk 6 cawan kopi biasa
- 2 sudu kecil daripada Ekstrak Raspberi

Arah

a) Letakkan ekstrak raspberi ke dalam periuk kopi kosong

b) Letakkan gula perang dan serbuk kopi dalam penapis kopi

c) Masukkan 6 cawan air ke bahagian atas dan bancuh periuk.

80. Kopi Krismas

bahan-bahan:
- 1 periuk kopi (setara 10 cawan)
- 1/2 cawan gula
- 1/3 cawan air
- 1/4 cawan koko tanpa gula
- 1/4 sudu teh kayu manis
- 1 secubit buah pala parut
- Whipping cream untuk topping

Arah

a) Sediakan periuk kopi.
b) Dalam kuali sos sederhana, panaskan air hingga mendidih. Masukkan gula, koko, kayu manis dan buah pala.
c) Didihkan kembali selama kira-kira seminit - kacau sekali-sekala.
d) Satukan campuran kopi dan koko/rempah dan hidangkan di atasnya dengan krim putar.

81. Kopi Kelapa Kaya

bahan-bahan:
- 2 cawan Setengah setengah
- 15 oz. Boleh krim kelapa
- 4 cawan kopi bancuh panas
- Krim putar manis

Arah
a) Didihkan setengah setengah dan krim kelapa dalam periuk dengan api sederhana, kacau sentiasa.
b) Kacau dalam kopi.
c) Hidangkan bersama krim putar manis.

82. Kopi Pisang Coklat

bahan-bahan:
- Buat 12 cawan periuk kopi biasa anda

- Tambah 1/2-1 tsp daripada Ekstrak Pisang

- Tambah 1-11/2 sudu teh koko

Arah
a) Gabung
b) Sangat ringkas...dan sesuai untuk rumah yang penuh dengan tetamu

83. Kopi Black Forest

bahan-bahan:
- 6 oz. Kopi yang dibancuh segar
- 2 Sudu Besar Sirap coklat
- 1 sudu besar jus ceri Maraschino
- Krim putar
- Coklat yang dicukur
- Ceri Maraschino

Arah

a) Satukan kopi, sirap coklat dan jus ceri dalam cawan. Gaul sebati.

b) Hiaskan dengan krim putar cukur coklat dan ceri atau 2.

84. Kopi Maraschino

bahan-bahan:
- 1 cawan kopi hitam
- 1 oz. Amaretto
- Topping disebat
- 1 ceri Maraschino

Arah

a) Isi cawan atau cawan kopi dengan kopi hitam panas. Kacau dalam amaretto.

b) Teratas dengan topping putar dan sebiji ceri.

85. Kopi Almond Coklat

bahan-bahan:
- 1/3 cawan kopi kisar
- 1/4 sudu kecil Pala yang baru dikisar
- 1/2 sudu kecil ekstrak coklat
- 1/2 sudu kecil ekstrak badam
- 1/4 cawan badam panggang, dicincang

Arah

a) Proses buah pala dan kopi, tambah ekstrak. Proses 10 saat lebih lama. Letakkan dalam mangkuk dan kacau dalam badam. Simpan dalam peti ais.
b) Membuat 8 hidangan enam auns. Untuk membancuh: Letakkan campuran dalam penapis pembuat kopi titisan automatik.
c) Masukkan 6 cawan air dan bancuh

86. Kopi Soda Pop

bahan-bahan:
- 3 cawan kopi dua kekuatan yang disejukkan
- 1 Sudu Besar Gula
- 1 cawan Separuh dan separuh
- 4 sudu (1 pain) aiskrim kopi
- 3/4 cawan Soda kelab sejuk
- Krim putar manis
- 4 ceri Maraschino,
- Hiasan-coklat keriting atau koko

Arah

a) Satukan adunan kopi dan gula pada separuh dan separuh.
b) Isikan 4 gelas soda tinggi separuh dengan campuran kopi
c) Tambah satu sudu ais krim dan isi gelas ke bahagian atas dengan soda.
d) Hiaskan dengan krim putar, coklat atau koko.
e) Hidangan hebat untuk pesta
f) Gunakan kopi tanpa kafein untuk parti dengan anak muda

87. Kopi Vienna

bahan-bahan:
- 2/3 cawan kopi segera kering
- 2/3 cawan gula
- 3/4 cawan serbuk krimer bukan tenusu
- 1/2 sudu kecil kayu manis
- Pukul setiap lada sulah, bunga cengkih dan buah pala.

Arah

a) Campurkan semua bahan dan Simpan dalam balang kedap udara.
b) Campurkan 4 sudu teh dengan satu cawan air panas.
c) Ini menjadikan hadiah yang indah.
d) Letakkan semua bahan dalam balang pengetinan.
e) Hiaskan dengan reben dan tag gantung.
f) Tag gantung hendaklah mempunyai arahan pencampuran yang ditaip padanya.

88. Espresso Romano

bahan-bahan:
- 1/4 cawan Kopi Kisar Halus
- 1 1/2 cawan Air Sejuk
- 2 keping Kulit Lemon

Arah
a) Letakkan kopi yang dikisar dalam penapis periuk kopi titisan
b) Masukkan air dan bancuh mengikut arahan membancuh mesin
c) Tambah lemon pada setiap cawan
d) Hidang

CAMPURAN KOPI

89. Kafe Au Lait

bahan-bahan:
- 1 cawan Susu
- 1 cawan krim ringan
- 3 Sudu Besar Kopi segera
- 2 cawan air mendidih

Arah

a) Dengan api perlahan, panaskan susu dan krim hingga panas. Sementara itu, larutkan kopi dalam air mendidih. Sebelum dihidangkan, pukul campuran susu dengan pemukul putar hingga berbuih. Tuangkan Campuran susu ke dalam periuk yang telah dipanaskan, dan kopi dalam periuk yang berasingan.

b) Untuk menghidang: Isikan cawan dengan menuang dari kedua-dua kendi pada masa yang sama, menjadikan aliran bertemu semasa anda menuang.

c) Kopi ini membuat persembahan yang indah serta nikmat yang lazat.

90. Cappuccino Oren Segera

bahan-bahan:
- 1/3 cawan Serbuk krimer bukan tenusu
- 1/3 cawan Gula
- 1/4 kopi segera kering
- 1 atau 2 gula-gula keras oren (ditumbuk)

Arah

a) Kisar semua bahan dalam mixer.
b) Bancuh 1 Sudu Besar dengan 3/4 cawan air panas.
c) Simpan dalam balang kedap udara.

91. Campuran Mocha Gaya Swiss

bahan-bahan:
- 1/2 cawan butiran kopi segera
- 1/2 cawan Gula
- 2 Sudu Besar Koko
- 1 cawan tepung susu kering tanpa lemak

Arah

a) Satukan semua dan gaul rata. Simpan adunan dalam bekas kedap udara.
b) Untuk setiap hidangan:
c) Letakkan 1 Sudu Besar + 1 sudu kecil. daripada campuran ke dalam cawan.
d) Masukkan 1 cawan air mendidih dan kacau rata.

92. Kopi Ireland Berkrim Segera

bahan-bahan:
- 1 1/2 Cawan Air Suam
- 1 Sudu BesarKristal Kopi Segera
- 1/4 cawan Wiski Ireland
- Gula Perang Secukup Rasa
- Topping Sebat

Arah

a) Dalam sukatan 2 cawan, gabungkan air dan kristal kopi segera. Ketuhar gelombang mikro, tidak bertutup, pada kuasa 100% kira-kira 4 minit atau hanya sehingga mengukus.

b) Kacau dalam wiski Ireland dan gula perang. Hidangkan dalam mug.

c) Teratas setiap mug dengan topping yang disebat.

93. Campuran Kopi Mocha

bahan-bahan:
- 1/4 cawan Serbuk krimer bukan tenusu
- 1/3 cawan Gula
- 1/4 cawan kopi segera kering
- 2 Sudu Besar. koko

Arah

a) Masukkan semua bahan dalam mixer, pukul sebati hingga sebati. Campurkan 1 1/2 Sudu Besar

b) dengan secawan air panas.

c) Simpan dalam balang kedap udara. Seperti balang pengetinan.

94. Kopi Segera Mocha

bahan-bahan:
- 1 cawan kristal kopi segera
- 1 cawan coklat panas atau campuran koko
- 1 cawan krimer bukan tenusu
- 1/2 cawan Gula

Arah

a) Satukan semua bahan; gaul sebati. Simpan dalam balang bertutup rapat. Cuba balang pengetinan.

b) Untuk menghidang: Letakkan 1 1/2 - 2 sudu besar ke dalam cawan atau mug.

c) Kacau dalam air mendidih untuk mengisi cawan.

d) Membuat 3 1/2 cawan campuran kopi atau kira-kira 25 atau lebih hidangan.

95. Campuran Kopi Vienna

bahan-bahan:
- 2/3 cawan (sedikit) kopi segera kering
- 2/3 cawan Gula
- 3/4 cawan Serbuk krimer bukan tenusu
- 1/2 sudu kecil Kayu Manis
- dash Ground allspice
- cecah Cengkih
- dash Pala

Arah

a) Campurkan semua bahan dan simpan dalam balang kedap udara.

b) Campurkan 4 sudu teh dengan 1 cawan air panas.

96. Campuran Kopi Cap Malam

bahan-bahan:
- 2/3 cawan krimer kopi bukan tenusu
- 1/3 cawan butiran kopi Dekaf Segera
- 1/3 cawan gula pasir
- 1 sudu kecil buah pelaga tanah
- 1/2 sudu kecil kayu manis tanah

Arah

a) Satukan semua bahan dalam mangkuk sederhana; kacau sehingga sebati.
b) Simpan dalam bekas kedap udara. Menghasilkan 1 1/3 cawan campuran kopi
c) Sudukan 1 sudu besar campuran kopi ke dalam 8 auns air panas. Kacau sehingga sebati.

97. Campuran Cappuccino

bahan-bahan:
- 6 sudu kecil kopi segera
- 4 Sudu Besar Koko tanpa gula
- 1 sudu kecil kayu manis tanah
- 5 Sudu Besar Gula
- Krim putar

Arah

a) Campurkan semua bahan.

b) Untuk membuat satu hidangan kopi gunakan 1 sudu besar campuran dan letakkan di dalam mug besar; tuangkan 1 $\frac{1}{2}$ cawan air mendidih dan kacau.

c) Teratas dengan krim putar

98. Cafe Cappuccino Mix

bahan-bahan:
- 1/2 cawan kopi segera
- 3/4 cawan Gula
- 1 cawan susu kering tanpa lemak
- 1/2 sudu kecil kulit oren kering

Arah

a) Kisar kulit oren kering dengan lesung dan alu. Kacau bersama semua bahan.
b) Gunakan pengisar untuk menggabungkan, sehingga serbuk.
c) Untuk setiap hidangan:
d) Gunakan 2 Sudu Besar untuk setiap cawan air panas.
e) Membuat kira-kira 2 1/4 cawan campuran.

99. Kafe Louisiana dengan Susu

bahan-bahan:
- 2 cawan Susu
- gula
- 1 cawan kopi Louisiana

Arah

a) Masukkan susu dalam periuk; masak sehingga mendidih.

b) Tuangkan kopi dan susu panas yang baru dibancuh secara serentak ke dalam cawan; maniskan dengan gula secukup rasa.

100. Kopi Hindia Barat

bahan-bahan:
- 3 1/2 cawan Susu Penuh
- 1/4 cawan kopi segera
- 1/4 cawan gula perang
- 1 sudu garam

Arah

a) Letakkan kopi segera, gula perang dan garam dalam cawan anda.
b) Bawa susu dengan berhati-hati hingga mula mendidih. Kacau hingga larut.
c) Hidangkan dalam cawan berat.
d) Membuat 4 hidangan.

KESIMPULAN

Terdapat berjuta-juta orang yang sukakan rasa kopi. Rasa ini berbeza bagi setiap peminum kopi kerana pelbagai jenis perisa kopi, panggang dan jenis yang terdapat di pasaran. Sesetengah orang menyukai rasa kopi gelap yang mendalam manakala orang lain menyukai panggang yang lebih ringan yang licin dan lembut.

Tanpa mengira rasa, orang ramai terpikat dengan secawan kopi pagi mereka. Sebab utama orang minum kopi adalah berbeza-beza seperti jenis kopi yang boleh diminum. Tanpa mengira sebab mengapa orang minum kopi ia adalah yang kedua selepas air dalam penggunaan dan setiap hari bilangan peminum kopi meningkat dengan pesat menambah sebab mereka sendiri untuk meminumnya ke dalam senarai.

Jika anda seorang peminat kopi atau seorang mualaf, buku masakan ini akan membantu anda mendalami minat anda terhadap kopi!

Selamat Membuat Bir!

www.ingramcontent.com/pod-product-compliance
Lightning Source LLC
Chambersburg PA
CBHW070400120526
44590CB00014B/1199